中国文化
知识读本

ZHONGGUO WENHUA ZHISHI DUBEN

乌镇

金开诚◎主编

罗沛波◎编著

吉林出版集团有限责任公司
吉林文史出版社

图书在版编目（CIP）数据

乌镇 / 罗沛波编著 .—长春：吉林出版集团有限
责任公司：吉林文史出版社，2009.12（2022.1重印）
（中国文化知识读本）
ISBN 978-7-5463-1933-9

Ⅰ . ①乌… Ⅱ . ①罗… Ⅲ . ①乡镇－概况－桐乡市
Ⅳ . ① K925.54

中国版本图书馆 CIP 数据核字（2009）第 236905 号

乌镇

WU ZHEN

主编/ 金开诚 编著/罗沛波
项目负责/崔博华 责任编辑/曹恒 崔博华
责任校对/刘姝君 装帧设计/曹恒
出版发行/吉林文史出版社 吉林出版集团有限责任公司
地址/长春市人民大街4646号 邮编/130021
电话/0431-86037503 传真/0431-86037589
印刷/三河市金兆印刷装订有限公司
版次/2009 年 12 月第 1 版 2022 年 1 月第 5 次印刷
开本/650mm×960mm 1/16
印张/8 字数/30千
书号/ISBN 978-7-5463-1933-9
定价/34.80元

关于《中国文化知识读本》

　　文化是一种社会现象，是人类物质文明和精神文明有机融合的产物；同时又是一种历史现象，是社会的历史沉积。当今世界，随着经济全球化进程的加快，人们也越来越重视本民族的文化。我们只有加强对本民族文化的继承和创新，才能更好地弘扬民族精神，增强民族凝聚力。历史经验告诉我们，任何一个民族要想屹立于世界民族之林，必须具有自尊、自信、自强的民族意识。文化是维系一个民族生存和发展的强大动力。一个民族的存在依赖文化，文化的解体就是一个民族的消亡。

　　随着我国综合国力的日益强大，广大民众对重塑民族自尊心和自豪感的愿望日益迫切。作为民族大家庭中的一员，将源远流长、博大精深的中国文化继承并传播给广大群众，特别是青年一代，是我们出版人义不容辞的责任。

　　《中国文化知识读本》是由吉林出版集团有限责任公司和吉林文史出版社组织国内知名专家学者编写的一套旨在传播中华五千年优秀传统文化，提高全民文化修养的大型知识读本。该书在深入挖掘和整理中华优秀传统文化成果的同时，结合社会发展，注入了时代精神。书中优美生动的文字、简明通俗的语言、图文并茂的形式，把中国文化中的物态文化、制度文化、行为文化、精神文化等知识要点全面展示给读者。点点滴滴的文化知识仿佛颗颗繁星，组成了灿烂辉煌的中国文化的天穹。

　　希望本书能为弘扬中华五千年优秀传统文化、增强各民族团结、构建社会主义和谐社会尽一份绵薄之力，也坚信我们的中华民族一定能够早日实现伟大复兴！

【目录】

一 乌镇的起源及历史

乌镇古名乌墩、乌戍。

"乌墩"之名颇为传神。因为乌镇是由河流冲积而成的平原，河流所带来的淤土非常肥沃，呈深黑色，由此得"乌墩"之名。其实，这类以土质颜色得来的地名在当地不止"乌墩"一处，离乌镇9公里处有一个村，叫红墩，其镇志上说："红墩在镇西，地脉坟起，厥土赤壤，村以是名。"不远处还有一个村叫"紫墩"，就是因为所处之地多紫色土石的缘故。

"乌戍"之名则来源于战事。春秋时期，吴越战乱不断，互有讨伐，乌镇是吴越边境，吴国在此驻兵以防备越国，"乌戍"就由此而来。自唐代以后，因乌镇已

乌镇名称来自故事传说

不再是国之边境，"乌戍"之名也就随之不复存在。

秦代时乌镇隶属于会稽郡，以车溪（即今市河）为界，一镇分属于两县，车溪之西为乌墩，属于乌程县，车溪之东为青墩，归拳县管，乌镇分而治之的局面由此开始。至于"青墩"名称的来由，颇为牵强，王雨舟在《二溪编》中说是"恐与乌接壤故以青为别。"但走在"青墩"和"乌墩"上，估计没有人能用肉眼看出它们之间有什么区别来。

到了唐代，原分而治之的"青墩"和"乌墩"合并，隶属于苏州府。这一时期的乌镇有两种称呼："乌青镇"和"乌镇"。

乌、青两镇合并，被称之为乌镇

在《光福教寺碑》中，出现了"乌青镇"的称呼，当时镇地置有"镇遏使"一职，乌镇之为镇，自此开始。而在唐咸通十三年（872 年）的《索靖明王庙碑》（朱洪撰并书，吴晔篆额）中，首次出现了"乌镇"的称呼。

元丰初年（1078 年），又有分乌墩镇、青墩镇的记载，后来因为要避光宗的名讳（南宋宋光宗登基，他的名字是个怪僻字，竖心旁加个"享"，念"敦"，于是天下念"敦"的字全不能用），改称乌镇、青镇，一直延用到解放后。

1950 年 5 月，乌、青两镇合并，称乌镇，属于桐乡县，隶嘉兴，一直延用至今。

二 乌镇文化

乌镇很好认，当你看到三堵封火墙、白壁黑瓦、高耸矗立时，乌镇就到了。这是乌镇入口标志，造型典雅，古朴秀丽，颇能代表乌镇民居建筑的特色。

进入乌镇，具有乌镇地方特色的景色和风俗随处可见：

刻画乌镇人民河埠生活的人物群雕像神态各异，挑水、淘米、洗蚕匾、绞衣服、洗衣提水、河边纳凉等不一而足。

乌镇地方特色的高竿船充分让人们看到了蚕乡的独特风俗。

在建筑和工艺文化方面，逢源双桥堪称桥中经典；财神湾则厅堂、廊棚、水阁等一应俱全，颇能代表水乡特色；江南百床馆收藏了众多非常珍贵的江南古床；还有百年老字号的中药店——香山堂、人称"百花厅"的木雕馆、立志书院、革命文学家茅盾祖辈居住的老屋——茅盾故居……它们无一不向人们展示着具有乌镇特色的建筑和工艺文化。

从古至今，乌镇名人大家辈出。从一千多年前中国最早的诗文总集编选者梁昭明太子，到中国最早的镇志编撰者沈平、著名的理学家张杨园、著名藏书家鲍廷博、晚清翰林严辰和夏同善、文学巨匠茅盾、政治活动家沈泽民、新闻学前辈严独鹤、

乌镇木雕

有着深厚文化底蕴的乌镇

农学家沈骊英、漫画家丰子恺……这些乌镇的天之骄子们，汲得乌镇的灵秀和聪慧，胸怀远大，在历史的滚滚长河中给世人留下了深刻的记忆。

也曾有无数文人骚客慕名而来，到乌镇游学，甚至是长期寓居。中国山水诗派开创者谢灵运、齐梁文坛领袖沈约、唐朝宰相书画大家裴休、南宋中兴四大诗人范成大等，都在乌镇为后人留下了珍贵的文化遗产。

正是这些独具特色的景，这些不同凡响的人，给"一样的古镇，不一样的乌镇"做了最具文化底蕴的诠释。

三　主要景点

乌镇水乡风景

　　岁月催人老，乌镇却经得起年复一年的风霜雨雪。那逝去的日子，没有改变它原有的风貌和格局，却给它增添了几分成熟与神秘。镇上那些屋梁、柱、门、窗上的木雕和石雕依然掩不住精湛的工艺；那些古老的房子，仍在一代又一代地为建造它们的勤劳而聪慧的人们遮风挡雨。

　　乌镇与水融为一体，全镇房屋临河而筑，甚至伸入水面，以河成街，桥街相连。镇上的石板小路、深宅大院、重脊高檐、河埠廊坊、过街骑楼、穿竹石栏、临河水阁，都是古色古香，呈现出它独有的灵秀和古朴，带给人们以祥和与幽静，"小桥、流水、人家"，正是一幅典型的江南风景画。身在其中，清清湖水的气息拂面而来，让人如临仙境。

乌镇处处是景，镇上有修真观、昭明书院、唐代古银杏、转船湾、双桥以及我国保存最完好的明清建筑群——西栅老街。同时，浓厚的文化底蕴也是另一种风景，它是我国现代文学巨匠茅盾故里，镇上的茅盾故居是茅盾的出生地，现为国家级重点文物保护单位；东栅景区的立志书院是茅盾少年读书之地，现辟为茅盾纪念馆。

乌镇景区分成东西两个景区，东栅景

乌镇西栅景色

区于 2001 年开放；西栅景区在经过修缮之后，2006 年 10 月对外开放。

（一）东栅景区

1999 年，乌镇制定了《乌镇古镇首期整治保护总体规划》，开始了对东栅景区的开发。整个开发过程中，乌镇以"四个最"（即保护最彻底、环境最优美、功能最齐全、管理最科学）为目标，成功运用现代建筑科学技术，实施了遗迹保护工程、文化保护工程、环境保护工程等"三大工程"。

2001 年，东栅景区正式对外开放，自开放伊始，即以其传承千年的历史文化、原汁原味的水乡风貌和独具一格的美味佳

乌镇建筑景色

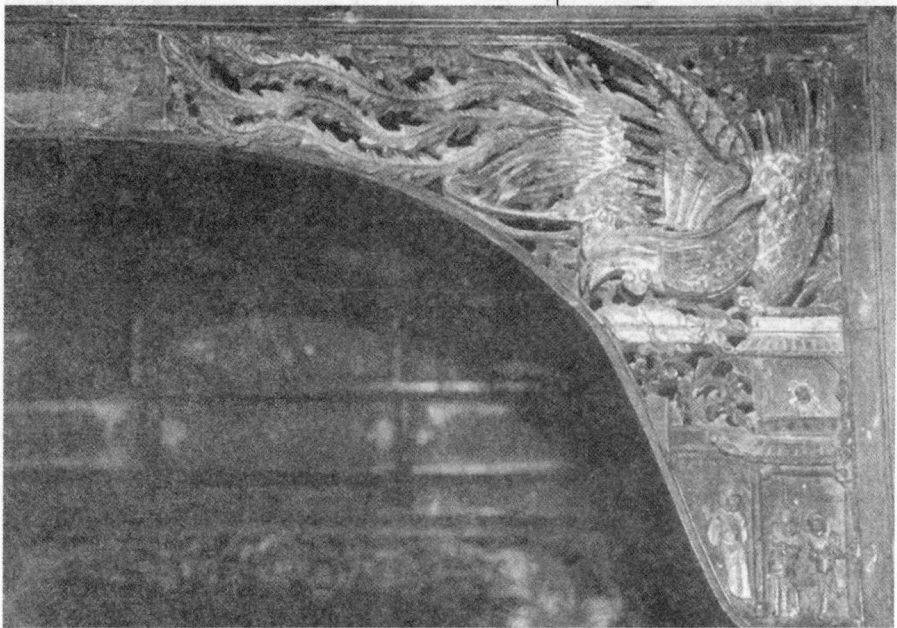

乌镇百床馆内展示的古床精品

肴、充满乡土气息的民俗活动，吸引了众多的游客，成为著名的古镇旅游胜地。

东栅景区现为国家 4A 级景区，是以旅游观光为主的景区。

1、江南百床馆

江南百床馆又称赵家厅，占地面积约1200多平方米，坐落在乌镇东大街210号。它是我国第一家专门收藏、展出江南古床的博物馆，馆内收藏有明、清及近代的江南古床精品数十张。藏品样式既有富商大贾的豪华床具，也有极普通的平民百姓的各式木床，从一床一室到一床多室（床内

乌镇馆内陈列的木制家具

备有化妆间、卫生间、仆人间等），可谓百花齐放，集江南床文化之大成。

第一展厅陈列着明朝马蹄足大笔管式架子床等床。它们造型简洁明快，比例均衡，强调形体线条，同时多用原木漆，充分展示硬木的色泽和纹理特点，浑然天成。

第二展厅陈列着拔步千工床等床。这批床材质优良，工艺复杂，制作精良，是木雕床中的精品。其中清朝拔步千工床被誉为"镇馆之床"，用料为黄杨木，长217公分，深366公分，高292公分，前后共有三叠，之所以叫"拔步千工床"，

乌镇精美的雕刻艺术

是因为它用了一千多个工人，经过三年才雕成。

这些床让人由衷地赞叹中国床文化的博大精深和我国劳动人民高超艺术修养的想象力，以及成熟的造床工艺。

参观百床馆，不仅在于观赏其收藏床的数量的多少，更需体会人们赋予每张床的丰厚的历史与生活内涵：或造之以求平安、或寄望其能带来多子多福……

按照人的需求层次的理论，只有当人们生活安定富裕的时候，才会有时间和精力去追求更高的精神享受，床被人们当艺术品来进行雕琢，体现的不仅仅是

江浙分府正门

其所蕴含的艺术价值，更是一种体现国泰民安、人们尽情享受生活的心境和处世态度。

2、江浙分府

江浙分府俗称二府衙门，在明朝叫浙直分署，是乌镇历史上特有的一个政府机关，主要职责是管理地方盐政，缉捕强盗，同时受理地方的民事案件和纠纷。从明朝嘉靖年间成立到民国初年撤销的三百七十多年里，它经历了多次名称的更改和地址的迁移。

历来行政辖区的交界地是很容易产生"三不管"的情况的，因为乌镇在两省（浙江、江苏）三府（嘉兴、湖州、苏州）七县（桐乡、石门、秀水、乌程、归安、吴江、震泽）交界的地方，而且河流纵横交错，地形复杂，人口稠密，很容易成为藏污纳垢之所，吏治难清。明嘉靖十九年（1540年），时任广东按察副使的乌镇人施儒上奏折建议将乌镇立县而治，在部议时，朝廷决定在乌镇增设通判一职，在普静寺东边建了衙门，驻守乌镇，专门治理。

江浙分府

隆庆二年（1568年），因为之前的几任官员经常在郡城接办其他事务，很少驻在乌镇，被指为冗员，撤销了这一职位。

万历三年（1575年），乌镇周边盐盗猖獗，参政朱炳如、巡抚谢鹏举、巡按萧禀共同上疏，在乌镇重又增设总捕同知一职，称"督理巡盐捕盗同知"，要求长年驻守乌镇，专门缉捕盗贼、管理地方水利盐政，同时处理地方诉讼等。此职权力较大，附近府县都任其约束调遣，于是扩建原来的衙门，改称"浙直分署"。

清朝初期，仍沿用万历年间的建制，设同知一职，衙署的地点也没有变。

江浙分府古代人物蜡像

乌镇木制窗棂

顺治四年（1647年），在吏治改革中又一次被撤销，衙署也全部拆毁。

康熙元年（1662年），分守道张武烈又奏请把湖州府总捕同知移设至乌镇，命其"控制江浙巡盐捕盗"。因为以前的衙署已经毁掉了，乌镇一个叫董汉策的财东捐出了西中桥左边的空房作为衙署，名为"督捕同知署"。后来过了十几年，官员又全都搬回了府城。

雍正三年（1725年），乌镇的士绅商贾们以"盐盗不靖"为由，请求总捕同知重新搬回乌镇，清剿盐盗。第二年，巡抚李卫同意了士绅们的请求，改"湖州府总捕同知"为"乌镇捕盗同知"。

江南民俗馆

百年好合　鱼水千载

雍正六年（1728年），官府买下了西栅桥西进士唐彦晖的故宅，拨官银进行改建，直到这时，才有了"江浙分府"之名。

咸丰十年（1860年），江浙分府大堂因战祸遭毁。

同治四年（1864年），官衙又重新修缮。

民国成立以后，同知被废，衙署也就空置了下来。

民国四年（1915年），衙署被卖做民宅，衙署被部分拆建。

2004年，乌镇政府按照清朝同治年间的样貌在原址上修复了江浙分府，成为

了今天的样子。

3、江南民俗馆

乌镇东栅的金家曾富甲一方，宅院很大。他们的旧居在景区建设时，被改造成了展示江南生活的地方——江南民俗馆，用于展示晚清至民国时期乌镇的寿庆礼仪、婚育习俗和岁时节令等民俗。

衣俗厅以实物、蜡像、照片等不同手段展示一百多年乌镇民间的穿着，真实地反映了当时中西合璧的历史衣着状况。

节俗厅生动地展现了一年不同节气中乌镇人不同的生活习俗活动，比如春节拜年、元宵走桥、清明香市、立夏秤人、端

乌镇江南木雕陈列馆内的郭子仪祝寿全家福雕塑

午吃粽、水龙大会、天贶晒虫、中元河灯、中秋赏月、重阳登高、冬至祭祖等等，是宝贵的文化遗产。

婚俗厅以喜堂拜堂为中心，通过新人、媒婆、父母等人物以及花轿、嫁妆等实物展示婚庆的热闹场景。

寿俗厅以老人祝寿为主题，通过厅堂的吉庆实景和字画、寿幛、寿桃、寿面等特有的做寿物品，展示了老人做寿的民俗。

4、江南木雕陈列馆

江南木雕陈列馆又名百花厅，原来是东栅徐家的豪宅，以木雕精美而闻名于世。

整个宅院雕梁画栋，尤其是门楣窗棂上雕刻的人物和飞禽走兽，运用了圆雕、平雕、透雕、镂空雕等多种雕刻手法，每一样都活灵活现，栩栩如生。

现在，在宅院里又陈列了丰富的中国古代木雕精品，更是增强了它的魅力。所陈列的木雕取材丰富，有"八仙过海""郭子仪祝寿"等民间传说；有"打鱼""斗蟋蟀""敲锣打鼓"等生活场景；也有"龙凤呈祥""松鼠吃葡萄""梅兰竹菊"等中华民族的传统图样。

馆内尤以"郭子仪祝寿"骑门雕花大梁为世人惊叹，整个大梁长 4 米，宽约 40 厘米，用整块樟木精雕而成，雕刻着唐朝名将郭子仪做寿的场面，人物个个神态逼真，栩栩如生。其用料和雕工都非寻常可见，曾经有客商出巨资求购而不得。

乌镇江南门雕一景

江南木雕陈列馆藏品丰富，具有深厚的文化底蕴，而且趣味十足，让人流连忘返。——看来，可以让人体会到中国几千年来博大精深的木雕文化。

5、余榴梁钱币馆

余榴梁是土生土长的乌镇人，是一名钱币收藏大家。他著有《中国花钱》《中国鉴赏与收藏》《钱币》《钱币漫谈》《钱币学钢要》《世界流通铸币》等十多部影响颇大的钱币学术书籍。

经过四十多年的收集，他拥有世界上230多个国家和地区各个时期的钱币，共达26000余种，包括各种类型（金属流通货币、纸币、花钱等）、不同材质（金、银、铜、铁、锡、铝、铅、锑、陶、镍、纸、竹、骨、琉璃、塑料等）、不同时代（从夏商到现代，绵延三十个世纪）的钱币。其数量之多、范围之广、品种之全在全国首屈一指。

钱币馆只是在一座普通的乌镇民居内，但是它展出的都是余榴梁收藏的钱币精品。在这里，可以让人了解到古往今来钱币的变更；在这里，钱币不仅仅是可以购买货物的东西，更包含着一种文化，一种智慧。

余榴梁钱币馆

6、宏源泰染坊

蓝印花布，俗称"石灰拷花布""拷花蓝布"，是中华民族传统的民间工艺布品，已有上千年的印染历史，以其独特的风格闻名于世。

传说，农夫葛洪深爱着自己的妻子，因家贫，无钱为爱妻购买太好的布料，遂自创蓝印花布。该布的原料（土布、染料）都来自乡村，以民间工艺用典雅的蓝白二色染制，图形图案都是农村常见的花草树木，充满浓郁的乡土气息，亲切、自然、清新，具有鲜明的民间和民族特色。

宏源泰染坊

此后，因其价格低廉，且颇为美观，江南一带农村，家中的窗帘、头巾、围裙、包袱、被子、台布等大多是用它制作。

至今蓝印花布的印染仍沿用民间原始工艺，纹样设计、花稿刻制、涂花版、拷花、染色、晒干等都保持着纯天然、无污染，深受人们喜爱。

乌镇是蓝印花布的原产地之一，乌镇的宏源泰染坊始建于宋元年间，是乌镇蓝印花布和蓝印花布制品的生产制作基地，同时也是其集散中心。

在宏源泰染坊，可以看到全套工序的演示，对面还有一家蓝印花布原料作坊，轧棉籽、纺纱线、织棉布，一路看下来，就能了解到它的全部制作方式，如果感兴趣，还可以带一些蓝印花布的成品回家。

染坊西侧有一家蓝印花布收藏馆，馆中展示了许多蓝印花布制品。

7、文昌阁

立志书院门前河埠上有一座楼阁，叫文昌阁。古时的读书人都由下人陪同乘小船到文昌阁来。小船就停在阁下的河边，只有读书人才能上楼，下人就坐在过道两旁的长凳等候。

废除科举后，文昌阁便成了人们游玩的地方，同时由于长期以来造就的中心地位，它又是乌镇的新闻传播中心。

8、茅盾故居

茅盾故居坐落在乌镇市河东侧的观前街17号，它坐北朝南，前为观前街，后靠雁飞阁商场，西临新华路，东邻立志书院。是嘉兴市迄今唯一的全国重点文物保护单位。

这是一栋普通的清代民居，木质结构，共两层，面宽四间，分前后两进，中间有一个狭长的小天井，总面积约450平方米。故居布置简单，却掩不住沈家独特的世代书香。

在清咸丰十年（1860年）太平军和清军的多次交战中，故居附近的房屋大部分被毁，但这座房子却安然无恙。

茅盾纪念馆牌匾

夏同善旧宅内景

光绪十一年（1885年）左右，茅盾的曾祖父沈焕在汉口做生意赚了钱，由茅盾的祖父先买了东边的两间两进，即"老屋"，后又购得西边的两间两进，即"新屋"，作为家人住宅。

"新屋"和"老屋"结构一致，中间虽然有一道隔墙，但楼上楼下都有门连通，使之浑然一体。临街四间，楼下是木板排门，外面有半截木矮门；楼上是木板窗。"老屋"第一进楼下东面一间为过道，是全家出入的大门；西边一间是家塾，用板壁与过道相隔，临街开了三个吊窗，可将上半截木板吊起采光。

茅盾故居不在于其建筑价值，而在于曾经居住其中的人，它带给人们的是一种文化，一种精神，也具有一定的政治色彩。

9、夏同善旧宅

离茅盾故居不足百米，有一处大家的庭院，这是清朝刑部官员夏同善外祖父家的宅子，挂有夏同善的画像。在这里，有一段与"杨乃武与小白菜"有关的故事。

夏同善，浙江钱塘人，自幼丧母，后其父续弦，继母对其视如己出，在夏同善幼年读书时，杭州城夏天太热，便送他到乌镇读书，居于其外祖父家中。

"杨乃武与小白菜"案发生在杭州府余杭县，是至今仍为世人所周知的四大奇案之一。夏同善是此案最后的审判者，还和杨乃武有些瓜葛，杨乃武胞姐杨淑英年轻时曾是夏同善继母的下人，在夏同善的指点下，杨淑英到北京的刑部大堂告御状，才使杨乃武一案得以昭雪。

"杨乃武与小白菜"一案昭雪后，杨乃武从此终生不第，悬壶济世以度余生。而小白菜葛秀姑为报答夏同善的救命之恩，却来到了乌镇夏同善的外祖母家，侍奉晨昏三月有余，然后削发为尼，了却余生。

10、修真观

历史上乌镇的寺、庵、庙、祠最多的时候有 53 处之多。素有"一观二塔九寺十三庵"之说，其中一观是指东栅的修真观。

北宋成平元年（998 年），道士张洞明在此修真得道，乃创建"修真观"。观刚建成时，有青鸾飞到修真观上空，盘旋不去，引来众人争相观看，修真观声名远播，与苏州玄妙观、濮院翔云观并称"江南三大道观"。

修真观初建时有三大殿，前为元武殿，

乌镇修真观一瞥

中为三清阁，后为轩辕坛。后来几经兴废修缮，现修真观共分三进，一进为山门，二进为东岳大殿，三进为玉皇阁，两边分设十殿阎王、瘟元帅、财神等配殿。山门正门上方挂有一特大算盘，下方有一副对联："人有千算，天则一算"，发人深省。

修真观广场用石板垒筑，位处镇中，开阔宏大，曾经是乌镇的集市中心，现在成了开展大型活动的地方，至今已在此举办了第五届茅盾文学奖颁奖典礼、江南水乡特种邮票首发式、第一届中国·乌镇香市开幕式、乌镇武术迎中秋专场表演、海外华人乌镇中秋赏月等大型活动，成了古

乌镇修真观门环

镇新的文化娱乐中心。

11、古戏台

清代至民国初年，京剧盛行，有的用木板临时搭建舞台，称"草台"，也有部分用寺庙的固定戏台，称"庙台"，观众可站在空地上免费观看。乌镇修真观广场上就有一座"庙台"，又称修真观古戏台。

古戏台

戏台建于清乾隆十四年（1749年），屡遭毁损，1919年修缮后，一直维护至今。戏台占地204平方米，北与修真观隔街相对，南临东市河，东倚兴华桥。戏台为歇山式屋顶，飞檐翘角，庄重而灵秀。梁柱之间的雀替均为精致的木雕，有极高的艺术价值。戏台共分两层，底层用砖石围砌，可从边门和前门进出，边门通河埠，底层后部通楼台，也可以通过翻板门下到河埠。上层戏台分前后两部分，后部是雕花矮窗的化妆室，前部是正对广场的戏台。

戏台两边的台柱上有对联一副："锣鼓一场，唤醒人间春梦；宫商两音，传来天上神仙。"正中上方挂有"以古为鉴"的横额。

古时，正月初五的迎财神会、三月廿八迎东岳庙会、五月十五迎瘟元帅会等，

乌镇修真观戏楼

都要在戏台上演神戏以敬观中诸神。平时，乌镇凡有人损害公益犯了众怒，当事人都须出钱请戏班子在戏台演戏，以示忏悔，称"罚戏"，这是乌镇一种传统的解决纠纷的方法。

戏台也曾演出过抗日话报剧。1937年，上海救亡二团来乌镇宣传抗日，在戏台演出了当时很著名的话报剧《放下你的鞭子》。此后，戏台大部分时间都空置。现在，随着人们生活水平的提高，戏台又恢复了往日的热闹景象，每天早上8点到晚上22点都在演桐乡的花鼓戏。

12、汇源当铺

汇源当铺在应家桥和南花桥之间，有

五开间的门面。

　　据《乌青镇志》记载，乌镇典当行最多时达13家，太平天国前还有7家。到了1931年，仅剩下汇源当一家还勉力支撑，至日寇入侵，汇源当铺也告停业。至此，乌镇典当行的历史宣告完结。

　　当铺四周有高墙围护，盗贼无法翻墙而入，靠外墙脚都是用一人头高的条石砌成，防止盗贼挖洞，而且还有高出屋顶的更楼，有专人日夜值守。大门用不易着火的厚实的银杏木制成，外面再加包铁皮，门里面有坚实的门闩、落地闩，使大门既防火，又能防盗抢。

　　进门有关帝堂，既表示当铺以"忠义

汇源当铺

汇源当铺门牌

为本"，又有避邪之用。头埭为店厅，是收兑典物的交易场所，除了汇源当以外，大多设有高柜台、木栅栏。前来典当物品者递上典当品后，任凭伙计居高临下地吆喝开价，使典当者低人一头，自然没有了讨价还价的心思。后埭是库房，为了防火，埭与埭各不相连，并且在庭院中放了不少挑满水的七石缸，称之为"太平缸"，以随时应付火灾。

汇源当是徐东号于道光年间创办的。徐东号资金雄厚，又好做善事，所开汇源当不设高柜台和木栅栏，交易时双方可以平等地讨价还价，并且每年的十二月（初一到月底）千文以下的典户不计息，所典的钱也给得比较多，连石臼也可以进行典当。可见他开典当不单是为了赚钱，更有照顾贫民、助其渡过生活难关之意，所以在乌镇徐东号无人不知。

13、财神湾与财神堂

财神堂内供有一尊等人大小的财神雕像，原身是比干丞相，因其掏心而死，后人认为他没有私心，被乌镇人尊为东路财神，以此告诫人应取仁义之财，不能有过多的私心私利。每年的农历正月初五，乌镇居民都会来财神堂前烧香祈福，以求财运。

财神湾

　　财神堂前为集市，现在则有香山堂药店、财神堂、逢源酒楼、财神湾茶庄等场所，已成为古镇居民新的聚集中心。

　　因乌镇的水系比较特殊，呈"十"字型，越到栅头河道越窄，船只不易掉头，而前来财神湾的人又比较多，所以人们就在财神堂附近开塘挖河，开辟了一个船只调头的地方，叫转船湾。同时，因为其他地方也有转船湾，为使其有所区别，便以旁边的财神堂为名，称财神湾。

　　财神湾汇集了水乡的特色建筑，错落有致的民居、幽幽的古街、与碧水蓝天融为一体的廊棚水阁，共同构成了一幅美丽的水乡风景画。

乌镇西栅走廊

（二）西栅景区

东栅景区成功地保护了乌镇宝贵的历史风貌和遗产，同时也给乌镇的地方经济带来了蓬勃生机。但乌镇还有大量的经典明清建筑群尚待保护修复，且受地理环境的限制，无法为游客提供完善的配套设施和服务。

因此，2003年，乌镇投入十亿元巨资，开始启动古镇保护二期工程——西栅景区开发工程。

西栅景区占地面积3平方公里，毗邻古老的京杭大运河畔，进入西栅必须得乘渡船。它是岛与桥的世界，12座小岛散落在纵横交错的河流里，70多座小桥将这些小岛串联在一起，其河流密度和石桥数量均为全国古镇之最。

西栅讲求的是"和谐"，每一处景都体现出它的对称之美。如通济桥和仁济桥两桥，互成直角相邻，不管站在哪一座桥边，都可以看到一个桥洞里的另一座桥，有"桥里桥"之称，是乌镇最美的古桥风景，堪称桥景一绝。

西栅有许多历史悠久的独具特色的东西，长达数公里的老街、已经不知道建造年代的青石板路、凌空建于水面的房屋，都透出了它的古老幽静。夜幕降临时，三五好友聚在一起品酒喝茶，闲话家常，看着对岸楼台上的戏剧，或到水边放几盏莲花灯，是多么令人向往、令人心醉。

这里还保留着一些独特的民俗活动。以前，在特定的节气里，女人们梳妆后，各带一只平时煎药的瓦罐结队而行，过桥时将瓦罐丢入河中，祈求在新的一年里全家人无病无灾。到了现代，出于环保，人们不再丢药罐了，提灯走桥演化为节日里的游乐和祈福活动。

这里有众多颇具吸引力的纯手工物品：一是让当地红烧菜系独具一格的手工制酱；二是纯手工铸造的生铁锅；三是始

乌镇西栅

乌镇西栅停泊的船只

创于光绪初年的益大丝号所生产的蚕丝制品，游客还可以亲手在缫丝机上操作，颇有趣味。

西栅的酒店和民宿也很特别，在明清时期的建筑里，享受着空调、直饮水、天然气、宽带网络、卫星电视等现代设施带来的便利，古与今融为一体，让人心情舒畅。古街上还"藏"着高级商务会馆、SPA养生馆、酒吧等最现代化的娱乐休憩场所。

1、益大丝号作坊

乌镇物产富足，适合种桑养蚕，居民多以养蚕制作丝绸为生，素有"丝绸之乡"之称。再加上河流纵横，交通便利，

益大丝号作坊内景

益大丝号作坊

乌镇便成为了辐射周边地区的丝绸业集散中心。

益大丝号是沈学昌于光绪初年（1875年）所创，历经一百多年的兴衰起落，以优良服务取胜，薄利多销，逐渐发展成包括种桑、养蚕、缫丝、制丝、造锦为一体的大作坊，闻名于世。

益大丝号作坊区全面展示了蚕桑文化的悠久历史。从种桑、养蚕、收茧到缫丝、织锦的各道工序，你可以在这里看到几十年的老桑树，观察蚕从出生到吐丝结茧的整个过程；可以体验在古老的缫丝机上缫丝的乐趣；也可以观看国宝级的乌锦织造工艺，欣赏精美绝伦的乌锦珍品展示。

益大丝号作坊区全面展示了蚕桑文化的悠久历史

2、草木本色染坊

草木本色染坊是手工环保印染晾晒的大型工坊。

工坊占地 2500 平方米，晒布场用青砖铺成，上面立着密密麻麻的杆子和阶梯式晒布架，非常壮观。染坊以蓝草为原料浆，染制传统的蓝印花布。染坊还有一套独特的彩烤工艺，从当地的草木如茶叶、桑树皮、乌桕树叶等原料中提取染料，色彩丰富，所以这个染坊叫做草木本色染坊。

3、昭明书院

昭明书院因曾在乌镇筑馆读书的南朝

昭明书院门牌匾

梁昭明太子萧统而得名。

萧统是我国历史上颇具影响力的文人，其编辑整理的《文选》是我国第一本诗歌散文选集，该选集和后来的《古文观止》《唐宋八大家文钞》一同成为古代读书人案头必备的文学读本，影响甚为深远。

书院坐北朝南，为半回廊二层硬山式古建筑群。主楼现为图书馆，并设有电子阅览室、讲堂、书画、教室等。中间是校文台，是古人著述编校之处。前方庭园中有四个水池，古木参天，环境幽静。

正门入口有明朝万历年间（1573—1620年）所建的一座石牌坊，高5米，面宽3．8米，上题"六朝遗胜"，龙凤板上是沈士茂题写的"梁昭明太子同沈尚书读书处"等字。1981年，桐乡县政府将其进行修整后列为县级文物保护单位。

书院西为拂风阁，是喝茶、读书、交流的场所，水池中央有明代所建的经幢。傍晚，坐在露天的亲水平台上，一边喝茶，一边看书，听听音乐，享受着轻风拂面，别有一番滋味。

书院后侧是茅盾文学奖获奖作家及作品展馆，馆内陈列着历届茅盾文学奖获奖作家的照片、介绍和获奖作品。

4、白莲塔（寺）

白莲塔寺是乌镇"一观二塔九寺十三

乌镇白莲塔寺

白莲塔远眺

庵"中"二塔"之一。

白莲塔原称金莲塔院，后称白莲塔寺，建于北宋崇宁年间（1102—1106年），位于乌镇十景塘以北、天井巷以西，因其与东栅的寿圣塔遥相呼应，乌镇人称其为西宝塔。

现在的白莲塔有七级，塔高51.75米，是乌镇最高的建筑。从运河坐船来乌镇，望见白莲塔，就知道乌镇到了。

塔下是八角形的升莲广场，广场中是放生池，东侧河岸边有一条石舫。

白莲塔是宋元时期江浙一带通行的砖木混合结构的阁式塔，整个塔体由第一层起向内逐渐收拢，外观呈梭状，塔基和塔平面都呈正方形，塔内地面用清水方砖铺成。

登上塔来，可以看到运河和乌镇的全景。现在有了灯光，到了晚上，塔身被照得晶莹剔透，煞是好看。

5、水上戏台

顾名思义，这个戏台是建在水面上的。它位于西栅老街的北侧，其规模之大，建造之精美，均属国内罕见。

水上戏台的表演台两边相通，便于走台换场；观众席分上下两层，中间是散席，相当于普通座位，是给普通的戏迷看戏的，两边则是包房（阁楼），是为那些不愿被别人打扰的有钱人准备的。

水上戏台

戏台正中的表演台甚是豪华，台中屋顶藻井更是光辉夺目。屋顶四周雕有明、暗八仙，个个栩栩如生，台中间的大梁上刻的是唐明皇李隆基看戏的场景，还有十八罗汉像。站在戏台上，还可以看到对面的齐门雕花大梁上唐玄宗李隆基统治前期的年号——开元。

西栅的水上戏台与修真观古戏台相互呼应，是昔日乌镇和临近一带镇、乡民文化娱乐的重要场所。

6、灵水居

灵水居占地两万平方米，是西栅最大的一个园林建筑景点。

灵水居内景

据记载，崇祯初年进士唐龙在此修建了私家花园，取名为"灵水仙居"，后毁于战乱。现在所看到的园林是按原样修复的，整个灵水居明媚秀丽、淡雅朴素，曲折而幽深。

进入园内，首先映入眼帘的是一堵蜿蜒的围墙，雕刻有中国传统风格的图案，中间为"双龙戏珠"，两旁的是"梅竹仙鹤"，穿过透窗可领略到园中石山、秀水、绿树，尽得透景之妙。

灵水居之所以著名，不仅因其园林景色，更因为在这里长眠着中国文坛巨匠茅盾先生，先生的纪念堂和陵园就在灵水居东侧。

茅盾陵园

除此之外，王会悟、孔令境、沈泽民等人的纪念馆也坐落在灵水居内，名人纪念馆齐集灵水居，给这秀丽的景色平添了几分豪气，灵水居也因此成为革命传统教育的"红色旅游"圣地。

7、茅盾陵园

茅盾陵园坐落在乌镇西栅的灵水居内东侧的山坡上，墓中安放着茅盾和夫人孔德沚的骨灰，陵园东侧移建有茅盾母亲陈爱珠的陵墓。

陵园背山面水，是乌镇最为完整的生态园林，植被保护良好，绿树成荫，空间宽阔，堪称"风水宝地"。

这里是西大街的最高点，居高而望，视野开阔，先生早年生活时的景象尽收眼底；整个陵园以先生的代表作品《子夜》的"子"字为造型布局，简洁流畅、经纬分明、四通八达，通往陵园的道路上，建造了三种不同造型的 85 级台阶，寓意先生人生三个不同的阶段和 85 岁的生命历程。

陵园的中坡还建有"怀思亭"，可以俯瞰整个灵水居的全貌。

整座陵园不仅美感十足，还寓意深刻。

茅盾纪念堂内茅盾塑像

8、茅盾纪念堂

茅盾纪念堂位于乌镇西栅灵水居内，建筑面积约 1000 平方米，分为上下两层，陈列有茅盾遗物 59 件，书籍近 1000 余册，图片 90 多幅。整个展馆以人生之路和文学之路为主线，展示了茅盾先生波澜壮阔的一生。

纪念堂是 2006 年 7 月 4 日即茅盾先生诞辰 110 周年，乌镇人民为了迎接茅盾及其夫人孔德沚的骨灰回归故乡时修建。它表达了乌镇人民为先生而骄傲的心情，同时也是对先生的缅怀。

纪念堂左侧是按照北京茅盾故居的格局还原布置的茅盾生前使用的书房，右侧的房间是陈列茅盾先生遗物的展厅，博古架上的玉盘、瓷器等是先生任文化部长期间，出访各国时众多友人所赠的物品。展厅左侧有四个播放机，可以聆听先生讲述笔名"茅盾"的由来和他创作生涯的开始等内容。

纪念堂正中有一水池，中央的黑色花岗岩平台上是汉白玉雕刻的茅盾先生的遗像，水池中潺潺流水永不停息，象征着茅盾先生提倡的"为人生"的文艺思想生生不息。

9、桥里桥

乌镇西栅有一座通济桥和一座仁济桥，二桥一座呈南北方向，一座呈东西方

桥里桥

桥里桥

向，成直角相邻，无论站在哪一座桥边，都能够通过桥洞看到另一座桥，因而博得"桥里桥"的美称。

两桥都是拱形结构，高大雄伟，站南河岸观看，两桥半圆形的桥孔倒映水面，半虚半实地构成一个圆形，是乌镇的一大景观。到了晚上，双桥在灯光映衬下更加显其精美绝伦。

"桥里桥"是人文美和田园美的完美交融，兼具了野性的奔放和构造的精巧。桥缝中野树虬枝横斜，桥柱上对联大气磅礴，站在桥头四望，水阁风光一揽无遗，京杭运河蜿蜒北去，文昌阁风姿绰约，白莲塔巍峨高耸，堪称桥景一绝。它是乌镇

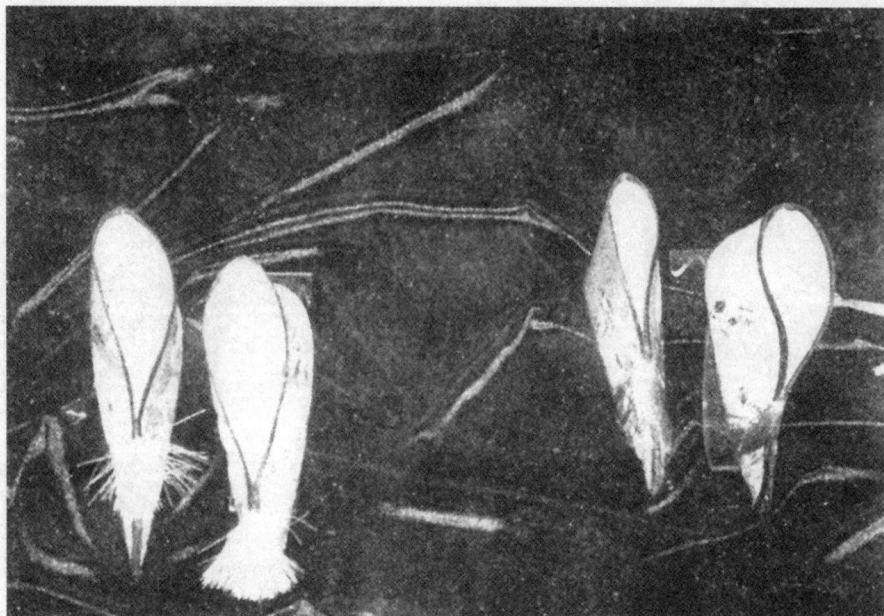
三寸金莲鞋

乃至全国最美的古桥风景，和其他的双桥相比，无论气势还是造型都首屈一指。

10、三寸金莲展馆

中国历史上有众多的文化精华，但同时也存在着一些封建陋习，女性缠足就是其中的一项。

在乌镇，有一个《绝代金莲》主题展馆，共展出历史上中国各地不同的缠足鞋825双，还有众多的图片及缠足用具，并配有翔实的文字说明。如此全面、系统的展示缠足文化，在世界上也是第一家。

它用大量珍贵的实物和图片向人们讲述乌镇历史，同时也是中国历史上妇女们让现代人可能无法想象的畸形地追求美的历程，在那时，中国的妇女判断自己是否美丽最主要的标准不是美丽的容貌和婀娜多姿的身材，而是自己的脚够不够小，够不够迷人，它的最高境界就是"三寸金莲"。

乌镇三寸金莲展馆提供了一个了解金莲历史的窗口，看到这些触目惊心的实物和图片，中国女人千年以来的欢笑和泪水历历在目，带给人们的是一种锥心的疼痛。

11、老街长弄

乌镇俗称有四门八坊数十巷，街、坊、

乌镇小巷风光

巷的数量和规模在全国古镇中鲜有见者。据民国时卢学博所著《乌青镇志》记载，当时尚存八坊八街六十八巷，其中八坊可细分为四十七坊，八大街尚存常春里大街、澄江里大街、通里大街、南大街、中大街、北大街、观前街和东大街。

到现在，坊和巷的变化很大，历年来人口的增加，所搭建的房子也特别多，使得坊巷有的面目全非，再难觅往日之踪影。而由于乌镇老区总体格局变化尚不很大，大街则变化不大，尤其是观前街、东大街、南大街、西大街等，仍然保存完好，并且还在发挥着它昔日的功用。

乌镇西栅的石板路全长五公里有余，完全是数百年前原汁原味的模样。古镇上石板路不少，但仍然如此完整的却并不多见。走在这些被岁月磨得锃亮的石板路上，仿佛时光倒流，将人带回到了几百年前的古色古香中。

古镇众多的小巷长弄纵横交错，将大街串联起来，其中以染店弄最幽长窄小，因其旧时两边俱开设染坊得名。街两边是马头墙隔出的店铺和民房，门大多是木板的，残缺的雕花和斑驳的油漆让人感觉到时光的无穷魅力。横骑在大街上的拱券门两两相对，那是以前大户人家的墙界标志。

乌镇西栅一角

西栅石板路边的民居

　　老街大都沿河，街与河之间也是房子，每隔一段，总有一个河埠连通河道，方便居民坐船时上下和洗涤。

四 传说

昭明书院门牌匾

（一）昭明求学

萧统是南朝梁武帝的儿子，称昭明太子。他刚出生时，右手紧握拳头，不能伸直，众人使尽办法都无法掰开，梁武帝以为其手残，甚是担忧。于是有大臣建议张榜招医，梁武帝应允，张榜公示天下：谁能掰开太子的手，太子就拜他为师。

时有乌镇人沈约，见了榜文，便揭榜前去。他捧起太子的手，轻轻一掰就分开了。梁武帝甚喜，赐封沈约为太子的老师，专门教太子读书。沈约先人之墓在乌镇河西十景塘附近，他每年清明都要回乡扫墓，且需守墓数月，梁武帝不能阻止沈约回家扫墓尽孝，又怕儿子荒废学业，于是在乌

镇建一座书馆，命昭明太子跟随沈约来乌镇读书。

　　萧统久居皇宫，生活枯燥无味，初来乌镇，年幼的他被景色所迷，见着什么都觉得稀奇，于是终日游玩嬉戏。沈约治学严谨，见太子不肯读书，便对他讲了一个故事："有一年冬天，我回乌镇过年，轿子经过青镇一座庙，被庙前一群百姓挡住了去路。我吩咐停轿查询，原来庙里冻死了一个十多岁的小叫花子。围观的百姓说，这小叫花子父母早亡，无依无靠，白天沿街乞讨，夜晚宿在庙堂。但他人穷志不穷，讨来的钱，除了买吃的，余下的都用来买书，在佛殿琉璃灯下夜读。可是一夜西北风，竟夺去了他年幼的生命。我当时进庙一看，只是这小乞丐虽然面孔瘦削，却眉清目秀，他仰面躺在稻草堆里，身体已经冻僵，左手还拿着一本书。他是有志于学，至死还不忘读书呀……"

昭明太子听完后，甚是感动，从此刻苦读书，终成有名的文学家。

后来，沈约把先人坟墓迁至京城，把他在乌镇的府第捐为白莲寺，萧统舍馆为寺，这就是后来的密印寺。

明朝万历年间，驻乌镇同知全廷训在白莲寺门前建了一个石坊，题为"六朝遗胜"。沈士茂题书"梁昭明太子同沈尚书读书处"。这石坊位于乌镇西栅景区内，至今保存完好。当地和临近百姓常携子女前来进行教育，让孩子们立志读书，以期成就栋梁之材。

（二）乌将军与古银杏

乌镇市河西岸有棵古老银杏树，从唐代传到现在，已有一千多年的历史。树木古朴苍劲，又高又大，需三人合围，十里外便可望见树顶。银杏的来历，与唐代一位英雄有关。

唐宪宗元和年间，有个姓乌名赞的将军爱国爱民，武艺高强，英勇善战，人称

昭明书院木刻

吴将军庙

乌将军。

唐代自安史之乱以后，中央实力渐弱，地方官吏飞扬跋扈，纷纷割据称王。当时，浙江刺史李琦也要称霸，就举兵叛乱，致使这一带兵荒马乱，百姓无法生活。皇帝就命乌赞将军同副将军吴起，率兵讨伐，他们穷追猛打，直打得叛军望风而逃。

当乌将军率军追至乌镇的车溪河畔时，李琦突然挂出免战牌，要求休战。乌将军体谅属下辛苦，就地扎营，欲次日再战。谁知在当天深夜，叛军却偷袭营地，乌将军奋起迎战。李琦向后退到车溪河边，从一座石桥上飞快逃过。乌

岳飞赠吴将军诗碑

将军越马上桥，他和他的青龙驹被一阵乱箭射死。原来李琦在桥堍下设下陷阱，暗害了乌将军。

后来吴起赶来，杀退了叛军，把乌将军埋葬在乌镇车溪河西，为他堆坟立碑。说也怪，就在当天夜里，人们看到乌将军的新坟上，射出点点闪光的红光，还传出阵阵的战马嘶鸣。第二天，坟上冒出一株绿叶银杏，很快就长成参天大树，奇怪的是这棵银杏从来不结果实。大家说，这银杏是乌将军化身。

由于平定了李琦的叛乱，百姓免遭战乱之苦。人们为了纪念这位热爱国家的将军，在乌镇建造了一座乌将军庙，并在庙中悬挂一块匾额，上面写着"大树属将军"

五个字。乌将军也从此成为保佑当地百姓的地方神。

（三）妙普禅师的传说

妙普禅师，字性空，汉州人氏，生于宋神宗熙宁四年，卒于南宋高宗绍兴十二年（1071—1142年）。

乌镇石桥

性空禅师性情耿直，不稍矫饰，与朋友交往不假辞色，甚至当面指正对方缺失，人皆敬畏，视为友之直者。他不喜攀缘，经常以一根竹杖、褴褛衲衣游历名山丛林，或者挂单在千年伽蓝，或者寄宿于久无人居的古屋。后来参访黄龙死心禅师，深契要旨，从此不再云游四海，折杖坚守死心门下。

建炎初年，徐明起兵造反，杀掠淫夺，黎民受害惨绝人寰，流寇沿途抢劫至乌镇，性空禅师刚好云游至此，看到哀鸿遍野，殍尸塞流，于是独自策杖前往贼营。

到得营中，贼兵怀疑性空禅师为奸细，欲挥刀砍杀，性空却要求先赠一白饭食之，气定神闲，毫无惧色，遂依言给饭。饭后，又求笔墨以立墓志，挥毫泼墨间，正气凛然。众贼兵为其气势所镇，释放性空，逃离乌镇，就此化解了一场浩劫，全镇人民的性命得以保全。

石佛寺塑像

从此禅师声名远播，道俗仰慕求教者络绎不绝，而禅师依然故我，一身褴褛云游四方。

（四）石佛寺

在乌镇西栅放生桥南，昭明书馆遗迹以西，原来有一座古寺，名石佛寺，又名福田寺。寺中供有三尊石佛，每尊石佛一丈六尺多高，用大理石精雕细琢而成，镌凿工巧、造型生动，堪称石雕艺术佳品。古人来此游览，曾留诗赞曰："鼎立同根丈六躯，斫山工匠世应无；不知他日飞来意，较比鸿毛重几铢。"

这寺中的石佛从何而来？游人当然"不知他日飞来意"。但乌镇民间却有一个人尽皆知的关于这几尊石佛来历的传说。

相传，玉皇大帝因人称"上有天堂，下有苏杭"，便欲前往，并决定在这两处各建行宫一座，以便游玩作乐。于是，他派出四位石佛前往，进行实地察看。石佛不惧万物，但若为人揭出其底细，就会就地变回石佛，无法行动。

这一日，四位石佛变为四个凡人，乘坐一只从杭州开往苏州的烧香船欲赶赴苏州。上船时，船夫便发现船比平日吃水要多，以为是乘客所带行李较往日为多，是以不以为意。

乌镇风光

　　当船摇到乌镇这个地方的时候，四位石佛从船舱里往外一望，只见这里溪塘交叉、绿树成行、桃红柳绿、风光秀丽。四位石佛以为苏州到了，打算先派一位上岸去看看。船到乌镇西栅日晖桥边，一位石佛对摇船的说："船老大，我要上岸小解，请行个方便，在此停靠片刻。"船夫一口答应，立即扳艄靠船，撑篙搭跳，让客人上岸。

　　谁知这个客人刚一跨上岸，船上的人只觉得船身如释重负，徒然向上一升，浮高了几寸。船夫惊奇地说："这位乘客真重，好像个石菩萨。"船夫话音刚落，岸上那位客人就像中了定身法一

乌镇风光

样，立在那里一动也不动了。留在船上的那三位，见上岸的石佛真相已被船家点穿，忙推说要去拜访朋友，也急忙离船登岸，匆匆往南而去。这时烧香船更是浮高了一大截。船上的香客纷纷猜测，说这四个人莫非是石菩萨，话未说完，却见另外三个果然变成石佛立在放生桥附近。

消息传开后，人们都认为佛落之地即为仙地，风水好，可镇邪灵，为了保住这块仙地，就在日晖桥埭给先上岸的那位石佛建了一座小庙堂，又在放生桥南面，给三尊石佛造了座大寺庙，取名"石佛寺"，还在寺内挂了一块匾额，上面写着"水上浮来"四个大字。

访卢阁

从此之后，每年春天香市季节，都有不少善男信女到寺内顶礼膜拜，特别是从杭州烧香回来的那些苏州、常州香客们，路过乌镇时，总要靠船上岸，到石佛寺去烧"回头香"，据说是为了向几位石佛致歉。

可惜，这座古寺连同里面的三尊石佛，在动乱中尽遭毁灭，茅盾先生得知石佛寺等乌镇古迹被毁的情况后，曾在给故乡的一首词中写道："往昔风流嗟式微，历史经验记取。"表达了对遭毁古迹的痛惜之情。

（五）访卢阁

传说在很早以前，乌镇有一个叫卢同的人，家中贫困，与妻子开一家小茶馆，

勉强糊口度日。

这一年，又到了采茶季节，卢同听人说太湖边山岗上有很多茶叶树，茶叶质量非常好，且可以任人采摘，于是与妻子商议，决定前去采摘，以节省每年买茶叶的开支，希望日子能过得好一点。

卢同不懂采茶，来到太湖边的茶山上，看着满山茶叶，却不知从何下手，心中焦急，正欲找人请教，却见在山间小路旁边，一白发银须的老人身背一只装满茶叶的篓子，晕倒在地。

他急忙走上前去，见还有微微气息，赶忙扶起老人，手掐人中，一边大声呼喊。过了一会儿，老人才能勉强微睁双眼，有气无力地将手伸向那只竹篓，做了一个抓的手势，又向嘴里指指。卢同会意，连忙从竹篓里抓起了一把叶子，一张一张地塞进老人的嘴里。老人吃完后，没过一袋烟的工夫，便清醒了过来。

原来老人姓陆名羽，也是来采茶的。他自幼便精于采茶，立志学神农尝百草，欲知天下众茶，所见所闻的茶叶品种数不胜数。且精于制茶，在遍尝各种茶叶后，研制出了很多种茶叶，如清心茶、舒气茶、解毒茶等等，都依其功效和特性命名。今天之所以晕倒，是因为他误尝一种有毒的茶叶，幸得卢同救起，否

访卢阁茶馆

则性命堪虞。

陆羽得知卢同家中开设茶馆，为减少支出来此采茶，又感其救命之恩，便教了卢同不少关于茶叶的知识，并常带他到附近山岗上采摘上等茶叶，二人就此成了知交。

半年之后，陆羽带了不少亲手采摘的好茶叶，来拜访卢同。二人相见，相谈甚欢，临行时，陆羽将带来的清心茶全部送给了卢同。

水阁风光

卢同以此清心茶泡茶待客，茶客们喝了这种茶，感到心里特别舒畅。喝醉酒的人一喝这种茶，马上酒醒脑清；胸中郁闷的人一喝这种茶，顿时舒气开怀。一传十，十传百。大家都知道卢同茶馆里有奇茶，纷纷慕名而来，品尝奇茶。这样，卢同家的茶馆生意越来越好，茶馆也就愈开愈大。卢同为了纪念陆羽的来访，就将自己的茶馆取名"访卢阁"。

这个传说也印证了佛家的一个道理：有因必有果，善有善报。

（六）乌镇水阁的由来

和许多江南水乡的小镇一样，乌镇的街道、民居都是沿溪、沿河而建，正所谓"人家尽枕河"。而它与众不同的是，沿河的民居大多有一部分延伸至河面，下面用木桩或石柱打在河床中，上架横梁，搁上木板，人称"水阁"，乌镇居民就在这水面上的房屋里，伴水而生，枕水而眠。

话说乌镇原本也是没有水阁的。它的由来，需从一场官司说起。

很久很久以前，乌镇南栅浮澜桥附近靠下岸河边有一家豆腐店。这店只有一间门面，开间又小，放下一副磨豆腐的石磨子和一只浸黄豆的七石缸后，店里就转不过身来，更别说招待客人了。豆腐店老板准备将店面扩大一点，但是，前面是大街，伸展不出去，左右是别家的店堂，也扩张不开来。思来想去，毫无办法。

一日，他从自家店后的窗中向后望去，甚是空旷，便来了灵感：我何不往后发展呢？于是，他就在店后的河床上打了几根木桩，架上横梁，梁上钉几块板，盖起一个小阁楼，把浸黄豆的七石缸和一些零碎东西都移放到那里。店堂间就顿时宽敞了许多。

正所谓祸福相依，店老板的好心情还没享受几天，镇上的巡检官就差人来查问了，并告诉他说："这是官河！官府早已通告，不准私占河面，限你三天之内拆除，不然就送官查办！"

水阁风光

一听说送官查办，豆腐店倌慌了神，不知如何是好。正想要拆掉算了，以免除官司，却见本街常来店时买豆腐的穷秀才又到店里来了。秀才为人耿直，又与豆腐店老板有些交情，见他欲拆阁楼，问及原由，心中愤愤不平，心生一计，便吩咐豆腐店倌说："你不要怕，去跟官府说理。我替你写张纸条，官府如来传你过堂，你就说你没有罪，并将这张纸条递给他看。"

乌镇夜景

三天后，差人复来巡查，见豆腐店倌的水阁还没有拆掉，就传他去见巡检老爷。

巡检老爷开始审问，问道："你私占官河，阻碍交通，船只难行，该当何罪？"

豆腐店倌答道："小人没有罪，不信请老爷查看。"说着，就将张秀才写好的那张纸头呈了上去。

巡检老爷接过纸头一看，顿时眉头打结，哑口无言。只好判豆腐店倌无罪，放他回去。

那巡检老爷为何放了豆腐店倌呢？原来当时乌镇市河比较狭窄，只能通过两只船，为此，县衙曾出过通告，禁止占用官河。但豆腐店倌所在的乌镇南栅浮澜桥附近的市河，比其他地方要宽阔，

水阁成为独特的乌镇美景

可容五六只船并行，即使搭出一些水阁，也不会碍事。但是在北花桥附近，巡检老爷为了停靠官船，筑起了很宽的石帮岸，使本来就狭窄的河面仅容一只船通过。张秀才在纸上写的是："民占官河，五船并行，官占官河，两船难行。谁碍交通？老爷自明。"巡检老爷一看，自知理亏，心想如果硬给豆腐倌治罪，闹到县衙里去，自己也没好处，所以只好判豆腐倌无罪。

榜样的力量是无穷的，从此，河面上的"水阁"慢慢多起来了，成为独特的乌镇美景。

碧水蜿蜒，小桥流影，橹声欸乃中看水阁画卷般在眼前徐徐展开，看水乡人在水阁中起居住行，听古镇人乡音叫唤此起彼伏，乌镇的水阁正以它独特的韵味受到越来越多的人喜爱。

（七）夏同善洗冤

1873年，浙江发生了著名的"杨乃武与小白菜"案，杨乃武与"小白菜"葛秀姑被冤下狱。第二年，杨乃武的妻子和姐姐赴京城刑部告状，夏同善会同28名官员联名奏请交刑部复审，获慈禧太后批准。翻案的过程却仍很艰辛，历时两年，冤案方得真相大白，涉案的数十名贪官被革职查办，大快人心。

因夏同善是此案终审的主审，在整个翻案过程中甚为关键，一时威名远播。

却道那小白菜葛秀姑原在牢狱中许下心愿，若是他日得救，便要侍奉于恩人左右，直至终老。夏同善在案中倾尽全力，小白菜报恩之心甚是坚定。可皇帝有旨，葛秀姑须出家了却余生，若是抗旨，不仅自己性命堪忧，而且还会连累自己的恩人。

正为难时，恰裕亲王因闻得小白菜乃一奇女子，竟让大清数十名官员丢了顶戴，要召见她，于是小白菜恳求裕亲王帮忙。裕亲王感其情真，又因知夏同善常居于乌镇翰林第，便让小白菜以侍候夏同善母亲

夏同善蜡像

夏同善故居一景

为名，赴乌镇翰林第，侍奉夏同善三个月，三个月后，再出家了却余生。

因此事关系重大，若然透露，即随时可能有杀身之祸，因此小白菜三个月间都是不见天日地往来，据说，乌镇东栅翰林第有一间没有窗户的房子，后门连着长廊，就是为小白菜"不见天日"地来去而修建的。

五 乌镇特色

（一）布局特色

乌镇是典型的江南水乡古镇，它完整地保存着晚清至民国时期水乡古镇的风貌和格局。全镇以河成街，众多的古桥将全镇串在了一起，更有房屋伸入水面，似飘浮于水上，与水融为一体。水阁、桥梁、石板巷，是镇上最典型的独具江南韵味的建筑元素，它们散落在全镇的每一个角落，也处处体现了江南古典民居的柔与美，带给人们无穷的魅力。

1、总体格局

乌镇历史上曾地跨两省（浙江、江苏）、三府（嘉兴、湖州、苏州）、七县（乌

乌镇为典型的江南水乡古镇

程、归安、崇德、桐乡、秀水、吴江、震泽），吴越特色的文化气息非常浓厚，在建筑上，深受传统儒家文化和运河商业文化的影响。

因其多水，镇中河流众多，家家临水，户户有船，密密麻麻的河网在乌镇内便与主干道重合，连桥成路，流水行船，成为了一种独特的亦路亦水的布局形式。对内，它连接着乌镇的池塘、水井，通到镇子里的每家每户，向外伸展开来，它又联结京杭运河、太湖等重要船运渠道。同时，它还理想地解决了农作、饮用、排水、观赏等相关问题。

儒家文化在建筑中不讲究风水，却对

乌镇建筑处处体现了儒家文化

等级尊卑分得很明显。乌镇受儒家的影响，风水学中的斜门左道、屏墙、照壁以及"泰山石敢当"一类的符镇基本上见不到，建筑多轴线明确、卑尊有序。

乌镇还有部分建筑商业气息相当浓厚，如访庐阁茶馆、高公生糟坊、宏源泰染坊、汇源典当行等等，虽然不算多，但分布于其中，却也显得很是突兀。

2、水阁

茅盾曾在《大地山河》中这样描述故乡："……人家的后门外就是河，站在后门口（那就是水阁的门），可以用吊桶打水，午夜梦回，可以听得橹声欸乃，飘然而过……"

水阁风光

来到茅盾的故乡乌镇，最让人印象深刻的，就是它的水阁。

沿河的居民们，或以石柱，或用木桩，打入河床中，在上面架横梁，建阁楼，便是水阁。总说江南水乡"人家尽枕河"，初时无法想象，在乌镇，却是再形象不过了，住在水阁里的人们，不仅仅是"枕河"，整个人都是在水面上的。晚上，躺在温暖的床上，而房子底下是那温柔的流水，让人睡得格外香甜。

传说水阁是由一位豆腐倌的违章建筑而来，时光流逝，人们却越来越多感受到了它的实用和所带来的独特的享受。它虽没有大楼的奢华，却因为它，乌镇有了更多的灵气和韵味，似是一名优雅的女孩盈盈戏水；有了它，乌镇的人便真正和水融

乌镇水乡风光

在了一起，不可分离。

碧水蜿蜒，小桥流影，在橹声欸乃中，乌镇人民在如诗如画的水阁里开始了又一天美好的生活，那种悠然，那份淡雅，似是将人带到了世外桃源。

3、小桥流水

水和桥是一对孪生姐妹，形影不离。乌镇水多，桥便也成了这里不可或缺的元素。

据说乌镇历史上曾有"百步一桥"之称，最多时达一百二十座之多。到了现在，也还保存了三十多座。其中西栅有通济桥、仁济桥，中市及东栅有应家桥、太平桥、

仁寿桥、永安桥、逢源双桥；南栅有福兴桥和浮澜桥；北栅有梯云桥和利济桥等等。

这些桥最早的建于南宋，大部分建于明清，时代久远，且风格各异，更有些桥以其精辟的桥联带给人们艺术的享受，如通济桥就有幅很有意思的桥联："寒树烟中，尽乌戍六朝旧地；夕阳帆外，是吴兴几点远山。""通云门开，数万家西环淛水；题桥人至，三千里北望燕京。"

4、石板小巷

古老的东西总是能带给人和谐与宁静。漫步在乌镇的小巷里，脚下是那被岁月打磨得发亮的青石板，欣赏着巷子两边

乌镇石板小巷

古老的民居，别有一番风味。

石板小巷在乌镇随处可见，有人说"如果你爱她，就带她去乌镇"，这不是没有道理的，试想，天生喜欢浪漫的女人，若是你在一个飘着细雨的早晨，撑一把古式的雨伞，带着她漫步在这美丽悠长的石板小巷，一切都是那么的亲切，那么的自然，脚下的石板带给她永世不变的承诺，谁还能拒绝你的爱？

（二）特色手工艺品

1、蓝印花布

俗称"石灰拷花布""拷花蓝布"，是我国传统的民间工艺精品。它用棉线纺织、黄豆粉刮浆、蓝草汁印花，纯粹以手工织染。在以前，它是家境不算太好的人们的最爱，造价低廉，却典雅美丽。现在，它依然为众多的人们所喜爱，人们用它来做成衣、三角头巾、茶杯垫、折扇、桌布、门帘、雨伞、手机袋、钱包、背包、各式象形挂件等，具有鲜明的民间和民族特色。

2、木雕竹刻

也许是水给乌镇人们带来了灵气，这里的手工艺十分发达，日常竹木用品到工艺品无不体现乌镇人的聪慧灵巧，给人以美的感受。

这里的手工艺品以木雕、根雕、竹刻为主，浑然天成，朴素却又别具匠心。

竹刻以留青和浅刻为主，少有圆雕和高浮雕。刀法简朴，崇尚天然。题材有画本、小像、名家书画、蔬菜果品、金石文字等等，多雕刻在扇骨、臂搁和笔筒上。

3、乌锦

益大丝号是乌镇丝绸著名老字号，创始人叫沈永昌，有一个儿子名叫沈学文。

经营到了 19 世纪 20 年代，由于时局动荡，丝号的生意逐渐失去了市场竞争力，特别是传统的木机绵绸更是滞销严重。这时，沈学文继承父业，为让丝号

乌镇建筑木雕

摆脱窘境，经多方考察后决定用织锦产品代替传统产品。1923 年，他选拔十余位学徒分赴杭州、苏州、南京等地学习织锦技术，然后经反复试制，装造出有近两千个部件、一百多道工序的织锦花楼机。

大花楼机织造工艺极为繁复，一天仅能织 5-6 厘米，从绘制意匠图到织出成品，耗时达百天有余。

沈学文命人精选最好的天然蚕丝为原料，将中国传统的织锦工艺和本地传统特色的提花丝织锦工艺融合在一起，以大花楼机进行织造，有的织品还杂有纯金线，织成的锦质地坚实、雍容华贵，它就是人

乌镇染布作坊

丝绵

们所称的"乌锦"。

这种锦质地与做工都极佳，因而价格极贵，人称"寸锦寸金"。

4、丝绵

地处蚕桑之乡、丝绸之府中心的乌镇，产出的丝绵质地坚柔，无块、无筋、无杂质，色泽洁白，薄如蝉翼。

丝绵的原料一般选用蛾口茧和同功茧，均为传统的手工制作。制作丝绵时，首先将蚕茧煮熟后泡于清水之中，然后取出茧中的蚕蛹，把茧壳剥开扩松，绷套在拳头上。等绷到五六层后，扩成袋形，套在一只特制的半圆形的竹弓上，洗干净后取下，用线串挂起来晾晒，晒干后就成一只只洁白如玉、如弓形的绵兜。把绵兜扯成薄薄的一层，就是丝绵了。

当地人称丝绵为"大环绵"或"手绵"，它轻薄、保暖、透气，而且绝对纯天然，具有现代"太空棉"一类的产品不能比拟的特性，深受人们喜爱。

5、布鞋

"人老先老足"，中国人非常注重对足部的保养。而布鞋以其对脚超强的适应性、舒适性和透气性，在中国的历史上存在了数千年。

乌镇布鞋还保留着纯手工制作的优良传统，"千层底"用料实在，手工精湛，而且透气性非常好，穿着它，忆起童年时

乌镇街头一景

老奶奶们纳鞋底的情景，悠然穿越乌镇这美丽的水乡，别提有多惬意 1

6、篦梳

篦梳贵在天然，具有一定的保健功效。

乌镇竹、木、羊角、牛角等物产丰富，所产自然也都是上等。篦梳经匠人们选料、开模、整型、刨光之后，每一把都透着一种令人赏心悦目的艺术，旅游回家时，带上两把，自用送人两相宜。

7、湖笔

历史上，乌镇曾隶属湖州府，因此，乌镇人尽得湖笔制作工艺之精髓。

湖笔采用山羊、黄鼠狼、山兔等兽毛为原料，经七十多道手工制作而成，具有尖、齐、圆、健四大特色，书写绘画皆得心应手，深得爱好古典艺术的文人墨客们喜爱。

8、生铁锅

铁匠沈济深谙冶道，所制冶品美观且耐用。1866 年，沈济在乌镇开了一家冶坊，也是浙西唯一的一家冶坊，开启了乌镇冶业的历史。

沈家精湛的冶炼技术一直保留至今，亦昌冶坊的工匠们依然在选用优质的纯生铁，使用着沈济所流传下来的繁复的冶炼

乌镇一角

生铁锅生产

浇铸工艺，但使用的设备较那时已不可同日而语，煤炭旺火变成了电炉熔铁，风箱扇火换成了鼓风机助燃，使得所产出的生铁锅质量较古法所冶的铁锅更有保障。

纯生铁锅的价值不仅在于其质量，更因为它富含易被人体吸收的铁元素，能减少蔬菜烹饪中维生素损失。它虽然比现在的铝锅、不锈钢锅较为笨重，但却为世界卫生组织的专家们所大力推荐。而在很多中国人的眼里，一直都认为生铁锅炒的菜特别香，煮的肉也更入味。

（三）特色美食

1、红烧羊肉

羊肉所含蛋白质远比猪肉多，性甘温，

可调经补肾，有益气补虚、温中暖下、开胃健力之功效，常吃者能容颜丰满、肌肤润泽，民间有"一冬羊肉，赛过几斤人参"的说法。

乌镇的红烧羊肉以当年的"花窠羊"即青年湖羊肉为原料，它肉质鲜嫩，脂肪含量少，细滑而多膏，再以萝卜、酱油、黄酒、红枣、冰糖、老姜等为作料，用土灶木柴大锅，先用大火、后用文火，经一整晚烧制而成，火候甚是难以掌握，使得它更显珍贵。

吃羊肉的最好时间是在秋季。每到这时，乌镇的大街小巷中卖羊肉者随处可见，各家羊肉铺里更是坐满了慕名而来

红烧羊肉

白水鱼是乌镇的一种野生鱼

的食客。

2、白水鱼

白水鱼是乌镇的一种野生鱼，它生长在没有污染的河流中，肉质细嫩，味极鲜美，是淡水鱼中的珍品。

过去，乌镇临近水域盛产此鱼，但随着环境的变化和捕捞者的增多，近年来数量越来越少。白水鱼捕捞出水后极难存活，大多出水即死，所以如果遇到哪家店里有活的白水鱼，千万不要错过，活杀清蒸的白水鱼，鲜嫩可无出其右。不过，若保存得法，死了的白水鱼味道也不会变。把它红烧或是用剁椒烹饪，甚至将白水鱼轻盐

白水鱼

白水鱼

槜李

暴腌后再蒸，也都是难得佳肴。

凡事都有两面，白水鱼虽鲜嫩可口，但刺却很多，所以，吃的时候却要分外小心。

3、槜李

古今稀有的珍果——槜李，是桐乡一带的传统名果，乌镇也盛产此果。

槜李果体型硕大，色泽鲜艳，内核很小，肉多汁美，风味独特，加上它营养丰富，在古时曾是献给帝王的"贡果"，更是历代文人雅士争相赞美的对象。在乌镇，还因为它留下许多美丽的传说和诗篇。

4、手工酱

酱油以天然发酵、酿制而成，是现代必不可少的作料。中国已有两二千多年的制酱史，是酱油生产起源最早的国家。与其他地方的制酱史相比，乌镇的制酱史并不算长，但其以品质历经百余年始终如一而闻名。清成丰九年（1859年），乌镇人陶叙昌创立了以自己名字为号的叙昌酱园，是乌镇最早的酱园。

叙昌酱园前店后坊，自产自销，主要产品有陶叙昌牌豆瓣酱、酱油、酱菜等，所产酱品采用优质黄豆、蚕豆、小麦为原料，以竹匾制曲，经过长达半年的自然晒露、发酵，以古法酿制而成，酱香浓郁，是纯天然绿色食品。

5、三白酒

据《乌青镇志》记载，三白酒"以白米、白面、白水成之，故有是名"。

三白酒是乌镇独有的美酒，以天然原料纯手工酿制，以其香气浓郁、酒味醇厚、入口绵甜、回味爽净、余香不绝而风靡江南数百年。最常见的是55度三白酒，同时，12度的白糯米酒和4度的甜白酒也独具特色，且老少皆宜。

6、姑嫂饼

姑嫂饼是乌镇的传统名点，距今已有一百多年的历史。

乌镇三白酒作坊之酒坛阵

姑嫂饼的形状酷似棋子饼，但比棋子饼略大。配料为面粉、白糖、芝麻、猪油等，跟酥糖相似，但却比酥糖更可口，具有油而不腻、酥而不散、既香又糯、甜中带咸的特点。

关于姑嫂饼的由来，有一个很有趣味的故事。

据说在一百多年前，乌镇有一家名叫"方天顺"的夫妻茶食店，所产茶食为其世代相传的手艺，特别是他们的酥糖，配方独特，制作精心，味道奇佳，深受乡民们喜爱。

为了让这一手艺和配方不致外传，方家制定了关键手艺和配方传媳不传女的家

乌镇"三白酒"

规。方家的这一规矩虽让做女儿的很是不满，但也没有办法，就这样传承了许多代。也不知传到了第几代，方家生有一男一女，兄妹二人感情甚好。可做哥哥的已经娶了媳妇，妹妹却尚未出嫁，老父亲也依照祖宗定下的规矩，将手艺传给了儿媳，女儿却不能知晓。姑嫂二人又本就不甚相和，时间长了，那小姑子便生嫉恨之心，想要杀杀嫂子的威风。

一天，姑嫂二人如往常一般在做酥糖，嫂子负责配料，小姑子负责打下手。嫂子刚配好料，便感内急，去了茅房，小姑子便顺手将一包盐洒进了盛放作料的粉缸，搅拌均匀，使之不至于被发现，指望着第

二天看嫂子出丑。

到了第二天，全家人照常天一亮就早起开张，方家人习惯了顾客赞自己的茶食香甜，可这一天客人们却一致大赞"椒盐的味道好极了！"方家人一时摸不着头脑。

次日，竟有不少人来买椒盐酥糖，方某夫妇却不知如何应对，只得解释说今天没做，要顾客改日再来买。这天下午，方家一早就打烊，关起门来查找原因，却百思不得其解，只得满腹忧郁，开始制作第二天的酥糖。

妹妹见哥哥忧心，心中不忍，便将父母兄嫂叫了过来，说明了事情的原委，请求原谅。方某听后大喜，连忙扶起女儿，连夜改进配方，并制作模子定形，次日应市，举镇轰动。

方家为了让世人记住饼的由来，便给它取了个意味深长的名字——姑嫂饼。

7、定胜糕

定胜糕呈荷花状，外层是细而均匀的精制香米和糯米粉，中以豆沙为馅，混有少量白糖和桂花，味道香糯可口，甜而不腻。

定胜糕因战争而来，传说乌镇人民为了迎接凯旋的将士，特意制作了这种颜色

定胜糕

绯红的点心，以庆祝胜利，纪念那些血洒疆场的烈士们。

后来，战争结束了，定胜糕却因其味美而传承了下来，只是其中的含义有了变化，深受儒家文化影响的乌镇人，在送读书人赴考时，都要做几笼香甜柔软的定胜糕送行，以表达金榜题名的良好祝愿。

8、熏豆茶

又名烘豆茶，用熏豆辅以桂花、炒芝麻、橙皮、萝卜丝、苏子、炒柏子等精制而成，故乌镇人有"吃茶"的说法。

熏豆茶香气馥郁，且具有滋补功能，因此，乌镇人每逢有客人来访，便要准备熏豆茶，请客人"吃茶"，以示热情和尊敬。

9、三珍酱鸡

乌镇酱鸡选用本地农民当年放养的土雌鸡作原料，整只原汁浸烧，经过三次出汤；再放入上等酱油、黄酒、白糖和香料等作料焖烧，出锅后涂上麻油。

此酱鸡外观酱红油亮，入口脆嫩鲜美，让人回味无穷，但制作的每一个环节都需要严格把关，火候必须拿捏得十分准确，否则很容易做坏。

熏豆茶

成品酱鸡因经原汁原汤反复烧制，体内已基本没有水分，"六月不馊，腊月不冻"，很容易保存，适合旅游回家时带给亲友品尝。

10、杭白菊

杭白菊又名甘菊，是我国传统的药用植物，是浙江省八大名药材"浙八味"之一。

经实践证明，杭白菊具有止痢、消炎、明目、降压、降脂、强身的作用，可用于治疗湿热黄疸、胃痛食少、水肿尿少等病症。同时，用菊花泡水洗浴，还能止痱去痒、护肤美容。

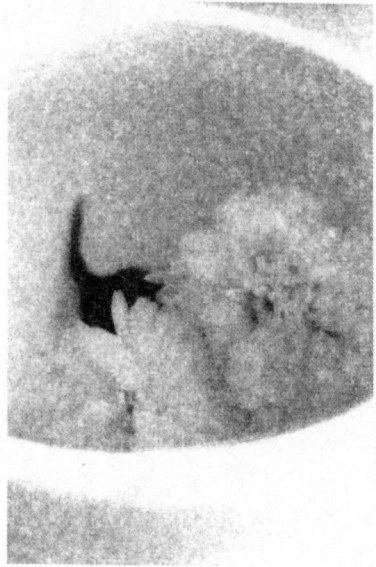

杭白菊

"杭白菊"以杭州为名，但并不盛产于杭州，而是桐乡市杭白菊的产量占全国总产量的 90％ 以上，1999 年 5 月，桐乡市被国家农业部命名为"中国杭白菊之乡"，享有"杭白贡菊与龙井名茶"并提的荣耀。

乌镇产的杭白菊花瓣洁白如玉，花蕊金黄，花朵肉厚，气味香浓而幽雅，味甘而醇郁。近年来，杭白菊的制作工艺已经由传统的灶蒸日晒发展为微波干燥，真空包装，使它的品质更有了进一步的提升，而产品也更加丰富，现在已经开发出来的杭白菊系列产品有菊花白酒、菊花晶、菊花茶等等。

11、乌镇臭豆干

臭豆干全国都有，但乌镇的臭豆干却别具风味。它是用上好的豆干以传统老卤泡制二十多个小时而成，无化学制剂，香得纯正，无任何异味。

可以说，乌镇臭豆干纯粹是因为它的老卤。传统老卤得来不易，老卤要保存数年才能成为上品，每年都要往里面添加菜梗、笋根等，为了防止变质，还不时用烧得通红的铁钳放入卤中杀菌，保存过程中，只要稍有不慎，整缸老卤就会毁于一旦。

臭豆干用菜油炸过之后，串在竹签上，再抹上豆瓣辣酱，闻起来让人掩鼻欲走，

乌镇臭豆干

吃起来却香气四溢，让人爱不释口。

（四）特色表演

1、皮影戏

皮影戏是我国一项传统的民间艺术，俗称"纸人头戏""土电影"，又称"羊皮戏""手影戏"，是一种将羊皮或牛皮制作成人物、动物造型的活动剪纸。

表演时，在影幕后置一强烈的灯光，由表演者用竹棍将活动剪纸紧贴影在白色影幕上操纵，通过表演者娴熟的技艺，向观众展示各色剧目和形象，是中国特有的卡通片。

皮影戏原创于北方，宋室南迁时，大批北方艺人随迁南下，将皮影戏带到了浙江一带。于是北方的传统技艺与南方的特色文化相结合，产生了南方特色的皮影戏。

乌镇的皮影戏已有八百多年的历史，直到抗战前后，乌镇还有十二个皮影戏班子，四处走乡串镇，演出众多节目。看皮影戏是当地人们的主要消遣活动之一。

随着现代各种娱乐形式的出现，皮影戏已不如过去那般具有吸引力了，如今，只剩下乌镇皮影戏馆还在天天演出。其独

皮影戏

花鼓戏剧照

特的民族特色和艺术魅力仍然吸引着众多的观众。

2、三跳

"三跳"因艺人表演时所用道具为三段毛竹板，即俗称的"三跳板"而得名，是长期流行于乌镇临近一带农村的以说唱古今通俗小说为主体的叙事性曲艺形式，又称"农民书""劝书"。

"三跳"起源于隋朝，但直至晚清方传入乌镇，也有一说是民国初年由三跳艺人收一乌镇人为徒弟后传授而传入。"三跳"在乌镇的时间虽并不悠久，但它以其在乌镇广泛流传而成为乌镇特色之一。

3、花鼓戏

花鼓戏属地方小戏，又名"挑香担"。花鼓戏因其题材多来源于农村现实生活，剧情简洁明快，曲调活泼流畅，加上又是用当地方言演唱，具有浓郁的地方特色，深受当地人民喜爱。

乌镇花鼓戏传统的剧目有《还披风》《庵堂相会》《卖草囤》《秋香送茶》、《红玉》、《乌镇北栅头》《陆雅臣卖妻》《尼姑庵里卖草药》《磨豆腐》等，大多以当地的传闻旧事为原型改编而成，从中反映出人们的信仰善恶观。

（五）民风民俗

1、贺岁拜年

农历腊月三十叫大年夜，学名叫除夕。这一天，乌镇人们和全国其他地方的人们一样，都要全家人聚在一起，吃年夜饭，长辈们给小孩子红包，称为"压岁钱"。所不同的是，乌镇的小辈们要在这天晚上给长辈们送鞋子，以辞旧岁，还要进行拜利事、接灶神等活动。

大年初一，家家户户都赶早起来穿戴整齐，烧香放炮，先接天神，次拜祖宗然后到父母、爷爷奶奶家去拜年，但这一天绝不能走其他亲戚或是看望朋友。

初二，乌镇人都开始去亲友家中拜年，亲戚拜年还讲究长幼顺序，需由小的先到大的家里，然后大的才能去小的家。如此互访，直到元宵。

2、接五路

接五路，本指接五路行神，后来演变成接五路财神。

旧时乌镇商家春节后都是初五开市，本应开市时接五路财神，但大家求财心切，希望能来个半路拦截，早早将财神请进家门，便提前到初四晚上进行，更有甚者，初四早上就开始接财神了。后经长辈们商

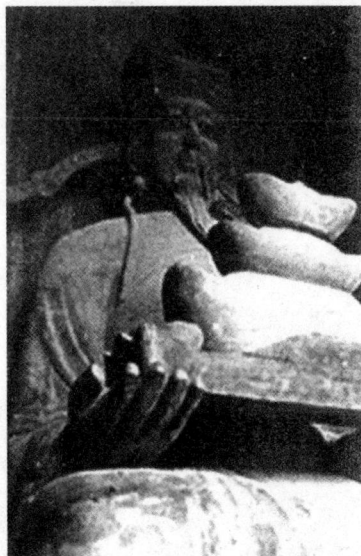

接五路财神像

元宵节花灯

量，为求公平，初四早上不允许接，但设在初四晚上，已经比其他地方早了。

接财神一般持续到晚上九、十点钟。共设三桌半供品，头桌为是果品如广橘、甘蔗，寓意财路广阔，生活甜蜜；二桌是糕点，寓意高升、常青；三桌为正席，供全猪、全鸡、全鱼，并元宝汤等，须等接上五路财神后方可奉上；半桌是饭、面、菜，一碗路头饭中插一根大葱，葱管内插一株千年红，寓意兴冲冲、年年红。

接五路须主人带上香烛分别到东、西、南、北、中五个方向的财神堂去请接，每接来一路财神，就在门前燃放一串百子炮。全部接完后，向财神礼拜，拜后将原供桌上的马幛火化，表示恭送财神。

3、元宵走桥

农历正月十五为元宵节，乌镇人叫它"正月半"。这一天，全国各地人们都依据自己地方的习俗进行各种庆祝活动，乌镇人们的庆祝活动就是"走桥"。

"走桥"起源于旧时普遍流行的一种以妇女为主体的避灾禳祸活动，称"走十桥"或"去百病"。元宵节当晚，乌镇人都要在镇子里出游，途中路线不可重复，且至少要过十座桥，由穿着盛装的妇女们

各带一只平时煎药的瓦罐，过桥时将瓦罐丢入河中，以求新年无病无灾。

到现在，出于环保，已经不再丢药罐了，而游乐和祈福活动依然保存。

4、清明踏青、香市

清明是中国传统的二十四节气之一，也称"寒食节"。这一天，全国各地人们都要祭祖扫墓，乌镇也不例外。具有乌镇特色的，是它保留的许多与养蚕相关的习俗。

清明前一天的晚上，人们都要做青团、裹粽子，祭"禳白虎"，家家户户在门口用石灰画弓箭，祈求蚕桑丰收。

双桂镇古巷

这天晚上，人们还婴煮螺蛳，用针挑出螺肉来吃，称之为"挑青"。

当日，乌镇西南 20 公里处的含山有个"轧蚕花"的庙会，标志着"香市"的开始。赶香市的主要是农民，这段时间里，经商的小贩、烧香的香客、表演杂技的戏班、各地赶来看热闹的游客数不胜数，热闹非凡。妇女们还有一个特殊的任务，就是到乌将军庙前的上智潭中"汰蚕花手"，烧香祈蚕。人们游春的同时，也会卖一些自家的农副产品和手工艺品。

"香市"被茅盾先生称之为乌镇人们

的"狂欢节"。

5、立夏称人、尝新

传说三国时，刘备之子阿斗被孙夫人带去东吴抚养，刘备的手下担心孙夫人亏待阿斗，甚不乐意。孙夫人见状，便当众拿秤称了阿斗的体重，并许诺好好抚养，此后每年一称，并向刘备的丞相诸葛亮汇报，以示真心。

称人这天，正是二十四节气之一的立夏日，百姓见阿斗被称，以为这天是吉日，可以祈福，便将自家的小孩也在立夏日过称。后来，这一习俗流传下来，就成了"立夏称人"。

乌镇人在这一天要品尝蚕豆、咸蛋、青梅、樱桃等新出产的果蔬，叫做"尝新"，并用麦芽、"草头"为原料，制作"立夏饼"，用来送给亲朋好友。

小孩子们则成群结队，提竹筒，摘蚕豆，化成肉，用百家之米，在野外临时搭灶，用柴火煮熟吃完，据说吃了不会疰夏。

6、端午吃粽

农历五月初五为端午节，相传是为纪念我国伟大的爱国诗人屈原而设的节日。传说屈原在这一天投江自尽，人们无法找到他的尸体，便将糯米用粽叶包裹，蒸熟

端午粽子

乌镇特色

115

乌镇小巷

后投入江中，以求江里的鱼不要吃掉屈原，留得全尸。

同时，定"重五"为"毒气横溢，鬼魅活跃"的"恶日"，并挂钟馗图、贴天师符，门悬艾蒿、菖蒲、桃枝、大蒜以避邪，吃黄鱼、喝雄黄酒，孩童穿戴虎形服装，妇女们身上戴雄黄佩饰，正午时用苍树、白芷、鳖甲、芸香"打蚊烟"，房屋四周喷雄黄酒、撒生石灰水驱虫，以此表达对害死屈原的恶势力的痛恨。

现在，人们避邪的习俗依然存在，粽子也还照样在包，只是不再将它投入江中，而是送给自己的亲友品尝。

7、分龙彩雨

传说司雨的龙王们都要在农历五月二十五日到各自管辖的区域去布雨，所以，这一天被称为"分龙日"，亦称"分龙节"。

现在，分龙节成了公益性消防组织——水龙会举行消防大演习的日子。这一天，各地的水龙会全副武装，来到镇中心空旷的河边，事先在水龙、水桶中放进各色颜料，在锣鼓声中，喷出五颜六色的水龙，甚是壮观。周围群众则呐喊助兴，结束时，评出出水最快、射程最远的水龙会，颁发优胜奖。

乌镇渔民

8、天贶晒虫

　　乌镇有句谚语："六月六，晒得鸭蛋熟"。农历六月初六，时值盛夏，烈日炎炎，正是晒虫防霉的好时候。

　　宋真宗赵恒精心编造了一段梦话，称六月初六为"天贶节"，后人觉得乏味，便把原本定在七月初七的"曝书日"移了上来。

　　这一天，读书人家晒书籍，寺庙僧尼晒经卷，普通百姓晒衣物，牵猫狗到河里洗澡防虱，晒热水给孩子们洗澡，妇女洗头，意为晒死虱虫，求身体健康安泰。

　　乌镇人在这一天还家家户户吃馄饨，其由为可能和这一天的混浴有关。

乌镇河灯

9、中元河灯

农历七月十五是中元节，俗称"七月半""鬼节"。这一天，道观要作斋醮荐福，佛寺则举行"盂兰盆会"，百姓家中则祭祀祖先。

自南宋起，乌镇人们在这天晚上以篾编纸糊成各式灯笼或纸船，放进点燃的蜡烛或灯草油，放入河中，任其随波而去，即为"河灯"，佛教称其为"慈航普渡"，道教称其为"照冥引路"。到了现代，人们只将其做为一种娱乐形式保存了下来。

10、中秋赏月

农历八月十五，时值秋季中间，是以称之为中秋节；又因此时月亮最圆最亮，古人以圆月为亲人团聚的象征，故又名"团圆节"。

中秋节晚上，乌镇人们在院子里摆上供桌，以月饼、瓜果、芋艿、菱藕、毛豆等敬神，案头供斗香，以线香托纸板粘合而成，上插各式彩旗，并缀月宫故事，制作精彩，供后在户外焚化，祈求丰收。同时，一家团聚，品尝月饼，喝茶聊天，其乐融融。

中秋月圆

11、重九登高

农历九月初九，因是日双九，称"重九节"；古人视九为极阳之数，因此亦称为"重阳节"；因是日多携亲友登高望远，亦称"登高节"；因是时菊花正茂，亦称"菊花节"。

相传重九节登高插茱萸始于"桓景避难"。东汉时汝南人桓景遵照师嘱，于重九日全家佩戴茱萸登上高山，得免大难，后人仿效，遂成习俗。至唐代，演变成游乐节目，亲友登山娱乐或是比赛，以强身健体，以御初寒。

乌镇周围没有高山，最高的就是塔，因此，这一天乌镇人都登塔祈福。这一天，乌镇人们用红豆和糯米制作"重阳糕"，在糕上插上小旗代表插茱萸，以"食糕"代替登高。形式虽然有异，但纪念意义和

祈求的目的是一样的。

12、冬至祀祖

冬至是二十四节气之一，又称"冬节""亚岁"。是传统大节，民间有"冬至大如年"之说。冬至前，乌镇人们家家户户磨粉搓"冬节圆子"，祭祀祖先，非常隆重。

冬至是冬天的开始，其后的九九八十一天是寒冬之期。旧有"九九消寒图"，相传始于明朝，图中画梅一枝，花八十一瓣，从冬至这天起，依照口诀，每天画一个花瓣，等全部画完了，春天也就来了，又可以开始新一轮的耕种。

13、腊月小更

农历十二月俗称"腊月"，过去乌镇有腊月"支小更"的习俗。

乌镇的房屋基本上都是木质结构，并且挨得又近，冬天气候干燥，民间用火又多，容易失火，因此，需十分警惕。

进入腊月，每天黄昏时分，每条街坊都安排专人敲锣打梆，边敲打边高声呼喊："寒天腊月，火烛小心，前门关关，后门重重，柴间看看，灰堆垄垄，谨防贼盗，门户要紧。"全镇支小更的不下十人，直到除夕夜才结束。

乌镇冬景